AF188354

Impressum
Verlag: BABADADA GmbH, Nedderfeld 112 , 22529 Hamburg
Geschäftsführer / Verlagsleitung: Harald Hof
Druck: Books on Demand GmbH, In de Tarpen 42, 22848 Norderstedt

Imprint
Publisher: BABADADA GmbH, Nedderfeld 112 , 22529 Hamburg, Germany
Managing Director / Publishing direction: Harald Hof
Print: Books on Demand GmbH, In de Tarpen 42, 22848 Norderstedt, Germany

mokykla
shkolla

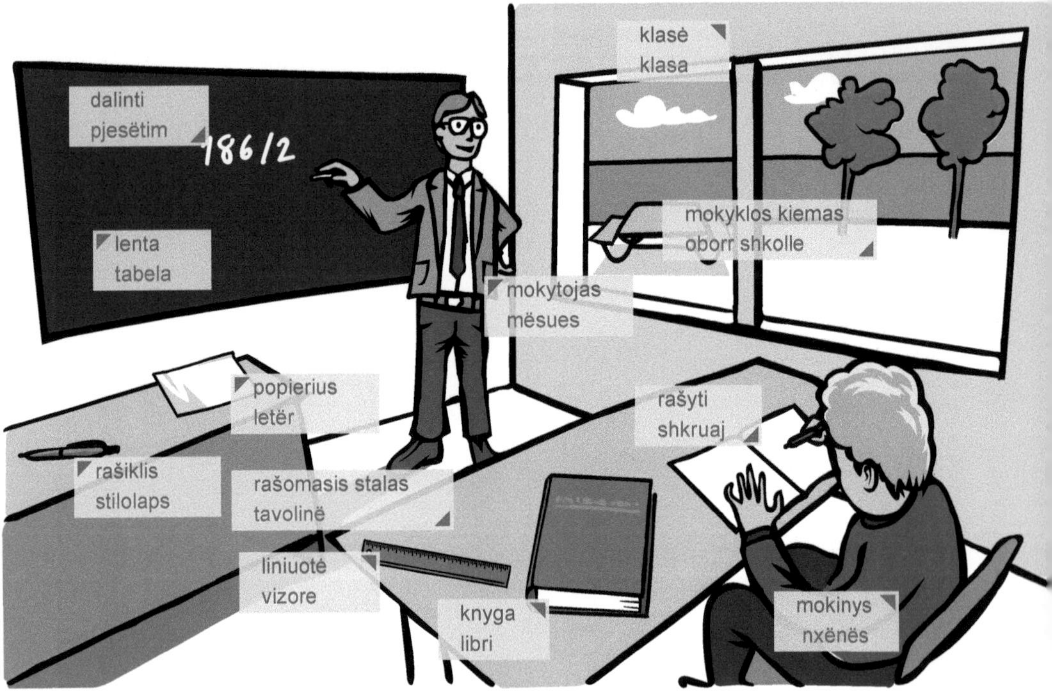

klasė
klasa
dalinti
pjesëtim
186/2
lenta
tabela
mokyklos kiemas
oborr shkolle
mokytojas
mësues
popierius
letër
rašyti
shkruaj
rašiklis
stilolaps
rašomasis stalas
tavolinë
liniuotė
vizore
knyga
libri
mokinys
nxënës

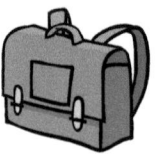

kuprinė

çantë

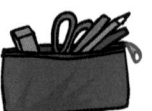

penalas

mbajtëse lapsash

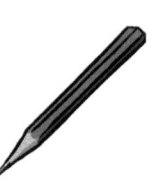

pieštukas

laps

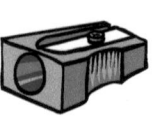

drožtukas

mprehës lapsash

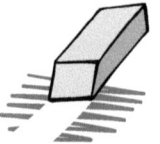

trintukas

gomë

piešimo bloknotas

fletore vizatimi

piešinys

vizatim

teptukas

penel

dažų dėžutė

kuti bojërash

žirklės

gёrshёrё

klijai

ngjitёs

vadovėlis

fletore detyrash

namų darbai

detyrë shtëpie

numeris

numёr

pridėti

mbledh

atimti

zbres

dauginti

shumëzoj

skaičiuoti

llogaris

raidė

gёrmё

abėcėlė

alfabeti

žodis

fjalё

tekstas

tekst

skaityti

lexoj

kreida

shkumës

pamoka

mësim

dienynas

regjistër

egzaminas

provim

pažymėjimas

çertifikatë

mokyklinė uniforma

uniformë shkolle

išsilavinimas

arsimim

enciklopedija

enciklopedia

universitetas

universitet

mikroskopas

mikroskop

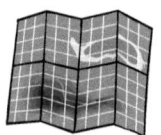

žemėlapis

hartë

šiukšliadėžė

kosh letrash

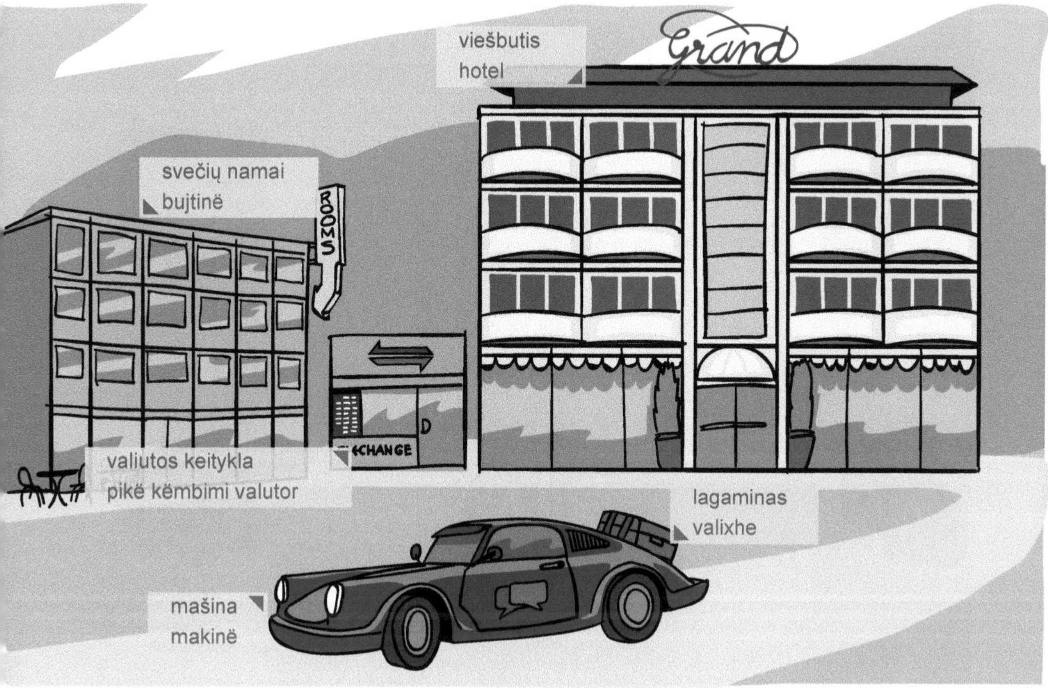

viešbutis
hotel

Grand

svečių namai
bujtinë

valiutos keitykla
pikë këmbimi valutor

lagaminas
valixhe

mašina
makinë

kalba

gjuhë

taip / ne

po / jo

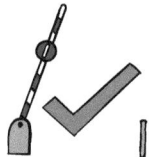

Gerai

Në rregull

sveiki

ç'kemi

vertėjas raštu

përkthyes

Ačiū

Faleminderit

kiek kainuoja...?

sa kushton...?

aš nesuprantu

nuk e kuptoj

problema

problem

Labas vakaras!

Mirëmbrëma!

Labas rytas!

Mirëmëngjes!

Labos nakties!

Natën e mirë!

viso gero

mirupafshim

kryptis

drejtim

bagažas

bagazhet

krepšys

çantë

kuprinė

çantë shpine

svečias

mysafir

kambarys

dhomë

miegmaišis

thes gjumi

palapinė

tendë

turizmo informacija

informacion për turistët

paplūdimys

plazh

kreditinė kortelė

kartë krediti

pusryčiai

mëngjes

pietūs

drekë

vakarienė

darkë

bilietas

Biletë

liftas

ashensor

pašto ženklas

pulla

siena

kufi

muitinė

doganë

ambasada

ambasadë

viza

vizë

pasas

pasaportë

transportas
transport

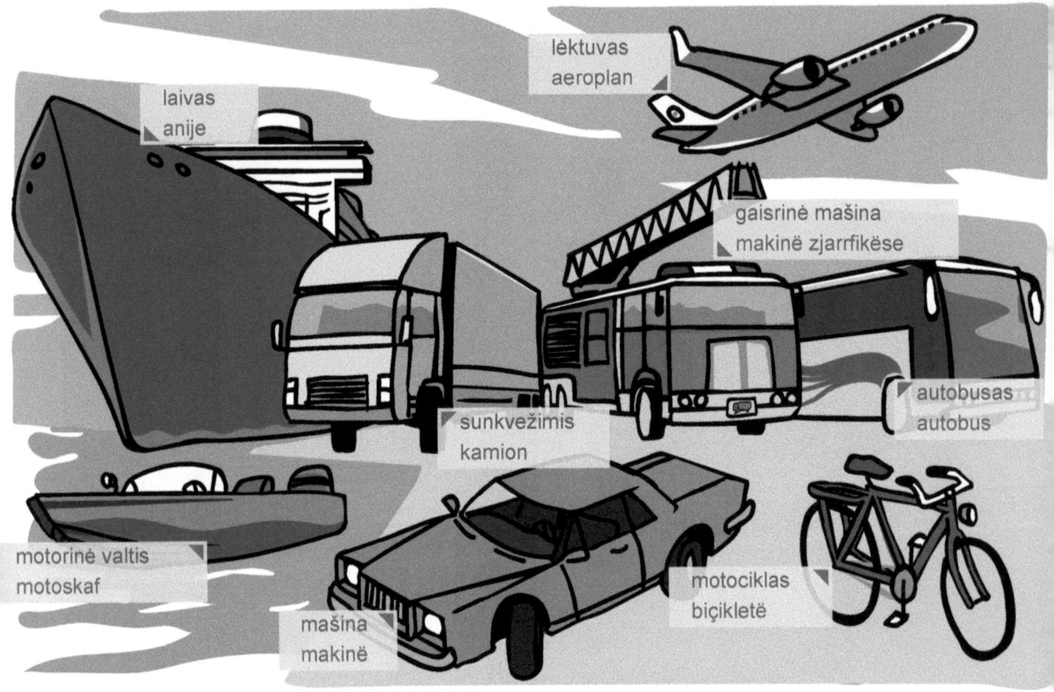
lėktuvas
aeroplan
laivas
anije
gaisrinė mašina
makinë zjarrfikëse
autobusas
autobus
sunkvežimis
kamion
motorinė valtis
motoskaf
motociklas
biçikletë
mašina
makinë

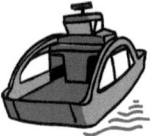

keltas

traget

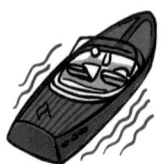

valtis

varkë

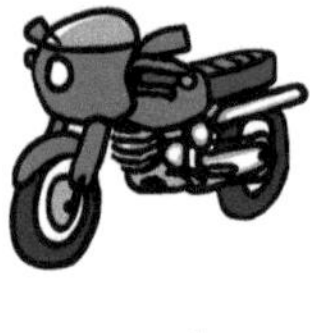

mopedas

motoçikletë

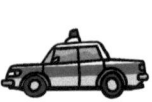

policijos automobilis

makinë policie

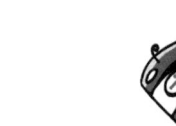

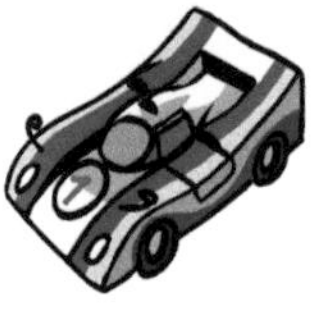

lenktyninis automobilis

makinë garash

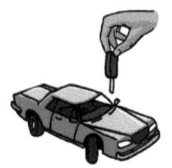

nuomojamas automobilis

makinë me qira

bendras automobilio
naudojimas

ndarje e qirasë së makinës

techninës pagalbos
automobilis

karroatrec

šiukšliaveže

makinë plehrash

variklis

motor

degalai

benzinë

degalinë

pikë karburanti

kelio ženklas

sinjalistikë trafiku

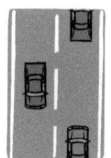

eismas

trafik

eismo spūstis

bllokim trafiku

mašinų stovėjimo aikštelė

parkim makinash

traukinių stotis

stacion treni

bėgiai

trase

traukinys

tren

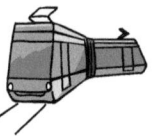

tramvajus

tramvaj

vagonas

karro

sraigtasparnis

helikopter

oro uostas

aeroport

bokštas

kullë

keleivis

pasagjer

konteineris

kontenier

dëžë

kuti kartoni

vežimėlis

qerre

krepšys

shportë

pakilti / nusileisti

ngrihem / ulem

miestas

qytet

kaimas

fshat

miesto centras

qendra e qytetit

namas

shtëpi

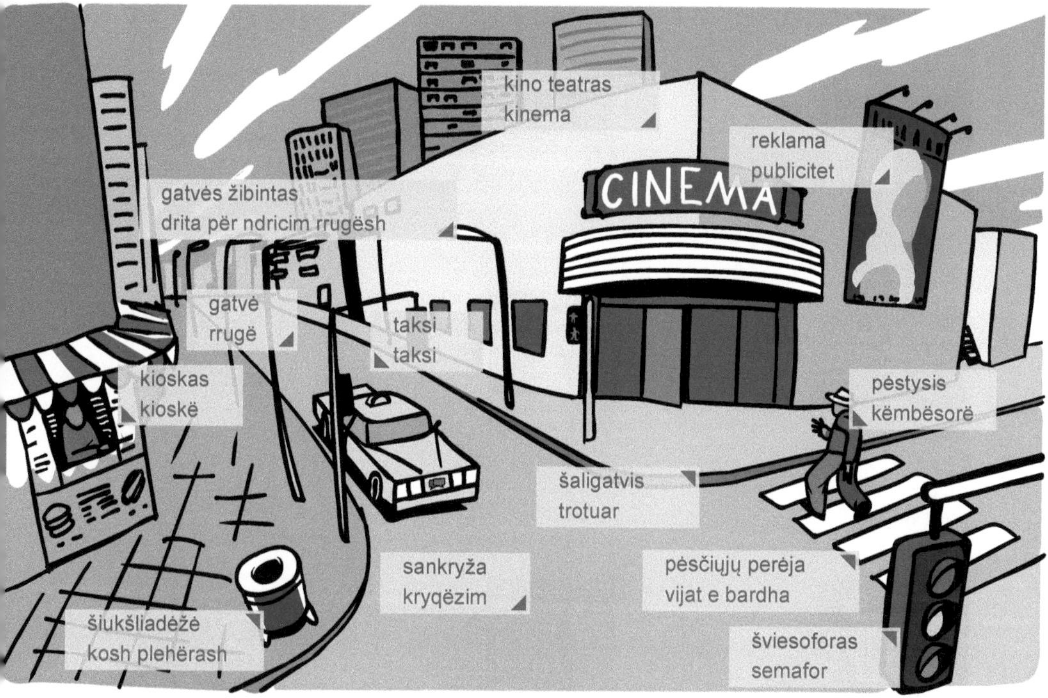

kino teatras
kinema

reklama
publicitet

gatvės žibintas
drita për ndricim rrugësh

gatvė
rrugë

taksi
taksi

kioskas
kioskë

pėstysis
këmbësorë

šaligatvis
trotuar

sankryža
kryqëzim

pėsčiųjų perėja
vijat e bardha

šiukšliadėžė
kosh plehërash

šviesoforas
semafor

trobelė
....
kasolle

butas
....
apartament

traukinių stotis
....
stacion treni

rotušė
....
bashki

muziejus
....
muze

mokykla
....
shkolla

universitetas
universitet

bankas
bankë

ligoninė
spital

viešbutis
hotel

vaistinė
farmaci

biuras
zyrë

knygynas
librari

parduotuvė
dyqan

gėlių parduotuvė
dyqan lulesh

prekybos centras
supermarket

turgus
market

universalinė parduotuvė
mapo

žuvies parduotuvė
dyqan peshku

prekybos centras
qëndër tregtare

uostas
port

parkas

park

suoliukas

stol

tiltas

urë

laiptai

shkallë

metro

metro

tunelis

tunel

autobusų stotelė

stacion autobuzi

baras

bar

restoranas

restorant

lauko pašto dėžutė

kuti postare

kelio ženklas

sinjalistikë rrugore

parkomatas

kohëmatës parkimi

zoologijos sodas

kopsht zoologjik

baseinas

pishinë

mečetė

xhami

ūkininko ūkis

fermë

tarša

ndotje

kapinės

varrezë

bažnyčia

kishë

žaidimų aikštelė

shesh lojërash

šventykla

tempull

kraštovaizdis
peisazh

lapas
gjethe

kelio rodyklė
tabela orientuese

kelias
rrugë

pieva
livadh

akmuo
gurë

medis
pemë

ėjikas
ekskursionist

upė
lumë

žolė
bar

gėlė
lule

slėnis
luginë

kalva
kodër

ežeras
liqen

miškas
pyll

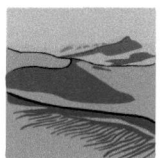

dykuma
shkretëtirë

ugnikalnis
vullkan

pilis
kështjellë

vaivorykštė
ylber

grybas
kepudhë

palmė
palmë

uodas
mushkonjë

musė
mizë

skruzdėlė
milingonë

bitė
bletë

voras
merimangë

vabalas

brumbull

varlė

bretkosë

voverė

ketër

ežys

iriq

kiškis

lepur

pelėda

buf

paukštis

zog

gulbė

mjellmë

šernas

derr i egër

elnias

dre

briedis

dre brilopatë

užtvanka

digë

vėjo jėgainė

turbinë ere

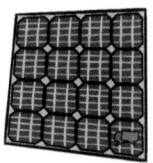

saulės baterija

panel diellor

klimatas

klimë

restoranas
restorant

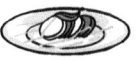

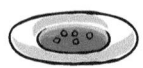

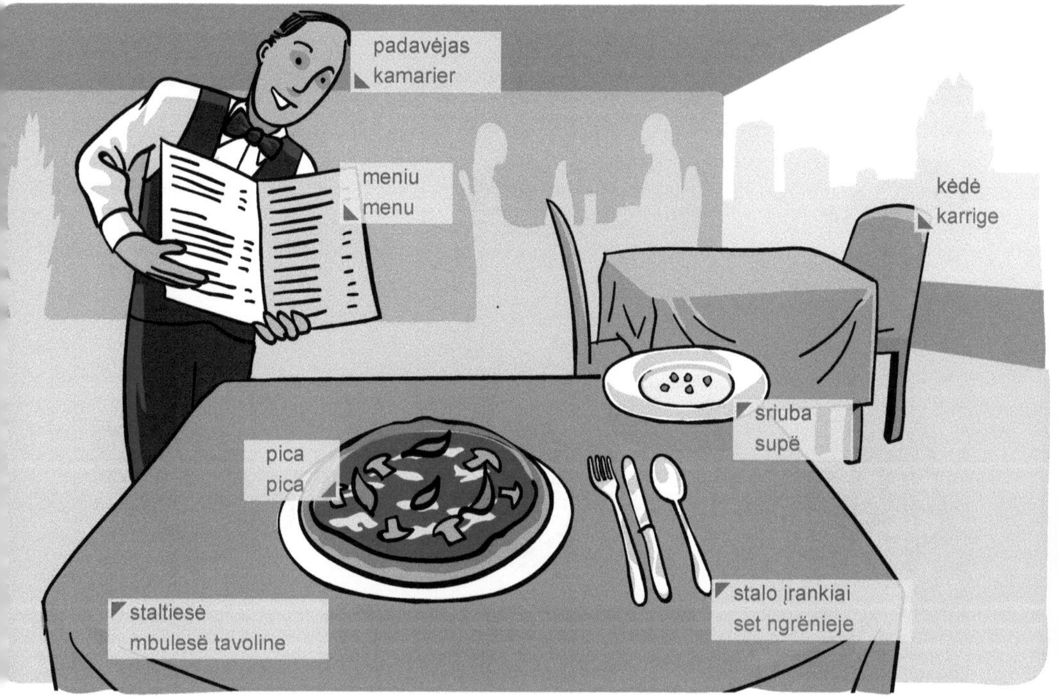
padavėjas
kamarier
meniu
menu
kėdė
karrige
sriuba
supë
pica
pica
staltiesė
mbulesë tavoline
stalo įrankiai
set ngrënieje

užkandis

pjatë e parë

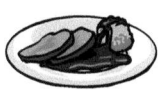

pagrindinis patiekalas

pjatë kryesore

desertas

ëmbëlsirë

gėrimai

pije

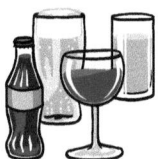

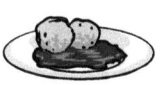

maistas

ushqim

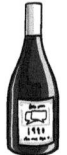

butelis

shishe

greitai pateikiamas maistas

ushqim i shpejtë

gatvės maistas

ushqim i shërbyer në rrugë

arbatinukas

ibrik çaji

cukrinė

kuti sheqeri

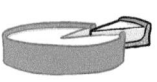

porcija

racion

espreso aparatas

makinë kafeje ekspres

aukšta kėdė

karrige e lartë

sąskaita

faturë

padėklas

tabaka

peilis

thika

šakutė

pirun

šaukštas

lugë

arbatinis šaukštelis

lugë çaji

servetėlė

pecetë

stiklinė

gotë

lėkštė
pjatë

sriubos lėkštė
pjatë supe

padėklas
pjatë filxhani

padažas
salcë

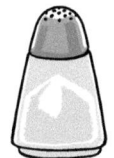

druskinė
mbajtëse kripe

pipirų malūnėlis
mulli piperi

actas
uthull

aliejus
vaj

prieskoniai
erëza

kečupas
keçap

garstyčios
mustardë

majonezas
majonezë

prekybos centras
supermarket

specialus pasiūlymas
ofertë speciale
FOR
pirkėjas
klient
pieno produktai
produkte bulmeti
vaisiai
frut
troleibusas
karrocë pazari

BUTCHERS

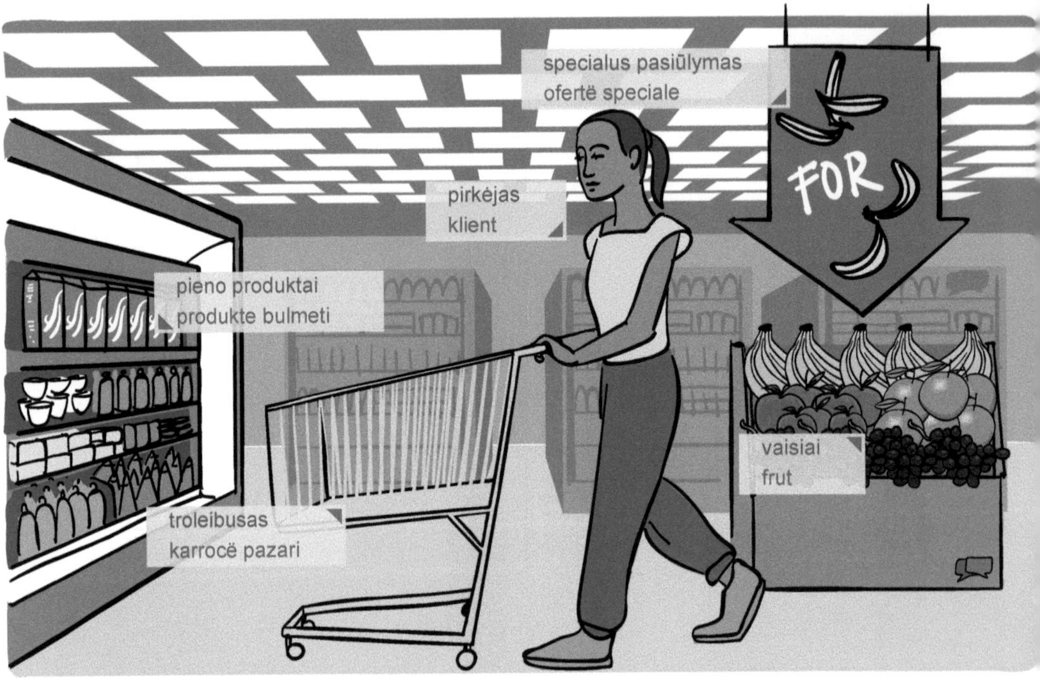

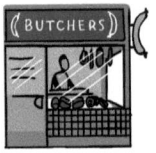

mėsos parduotuvė

dyqan mishi

BAKERY

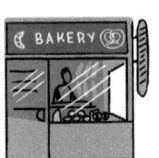

kepykla

furrë buke

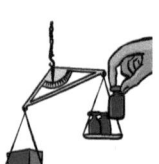

sverti

peshoj

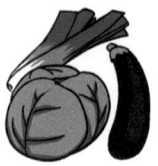

daržovės

perime

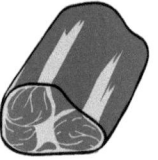

mėsa

mish

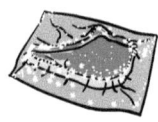

šaldytas maistas

ushqim i ngrirë

šalti mėsos užkandžiai

copë

konservai

ushqim i konservuar

skalbimo milteliai

pluhur larës

saldumynai

ëmbëlsirat

ūkinės prekės

prodhime shtëpie

valymo priemonės

produkte pastrimi

pardavėja

shitëse

kasos aparatas

kasë fiskale

kasininkas

arkëtar

pirkinių sąrašas

listë blerjeje

darbo valandos

oraret e punës

piniginė

portofol

kreditinė kortelė

kartë krediti

maišelis

çantë

plastikinis maišelis

qese plastike

vanduo

ujë

sultys

lëng frutash

pienas

qumësht

kola

koka-kola

vynas

verë

alus

birrë

alkoholis

alkool

kakava

kakao

arbata

çaj

kava

kafe

espresas

kafe ekspres

kapučinas

kapuçino

bananas

banane

obuolys

mollë

apelsinas

portokalle

arbūzas

pjepër

citrina

limon

morka

karrotë

česnakas

hudhër

bambukas

bambu

svogūnas

qepë

grybas

kërpudha

riešutai

arra

makaronai

makarona

spagečiai

spageti

ryžiai

oriz

salotos

sallatë

traškučiai

patate të skuqura

keptos bulvės

patate të skuqura

pica

pica

mėsainis

hamburger

sumuštinis

sanduiç

pjausnys

shnicel

kumpis

proshutë

saliamis

sallam

dešrelė

salçiçe

vištiena

pulë

kepsnys

skuq

žuvis

peshk

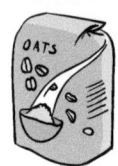

avižų dribsniai

tёrshёrё

dribsniai su priedais

drithёra

kukurūzų dribsniai

kornfleiks

miltai

miell

prancūziškasis ragelis

kruasant

bandelё

panine

duona

bukё

skrebutis

tost

sausainiai

biskotё

sviestas

gjalp

varškė

gjizё

tortas

tortё

kiaušinis

vezё

kiaušinienė

vezё sy

sūris

djathё

ledai

akullore

cukrus

sheqer

medus

mjaltë

uogienė

marmaladë

tepamas šokoladas

çokokrem

karis

këri

ūkininko ūkis
fermë

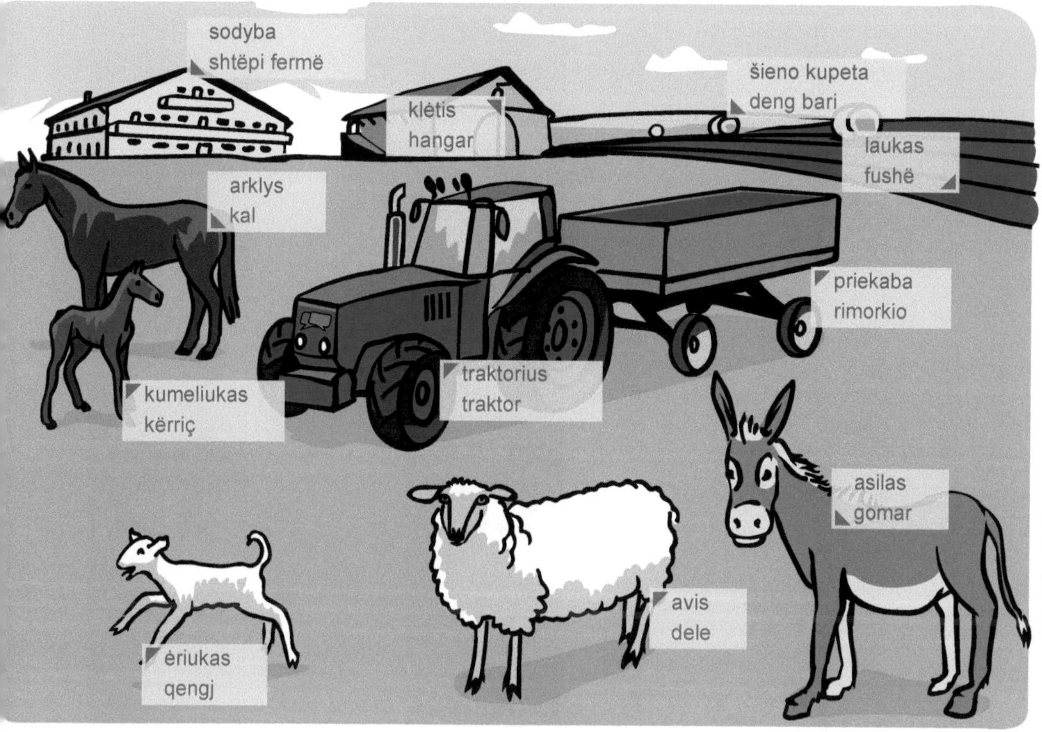
sodyba
shtëpi fermë
klėtis
hangar
šieno kupeta
deng bari
laukas
fushë
arklys
kal
priekaba
rimorkio
traktorius
traktor
kumeliukas
kërriç
asilas
gomar
avis
dele
ėriukas
qengj

ožys

dhi

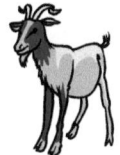

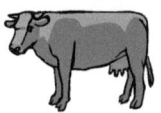

karvė

lopë

veršis

viç

kiaulė

derr

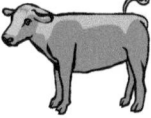

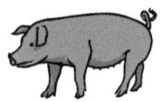

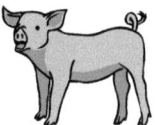

paršelis

derrkuc

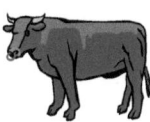

bulius

dem

žąsis
patë

antis
rosë

viščiukas
zog pule

višta
pulë

gaidys
gjel

žiurkė
mi

katė
mace

pelė
mi

jautis
buall

šuo
qen

šuns būda
kolibe qeni

sodo namas
zorrë vaditëse

laistytuvas
vaditëse

dalgis
kosë

plūgas
plug

pjautuvas

drapër

kauptukas

shat

šakės

kosa

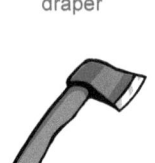

kirvis

sëpatë

statinë

karrocë

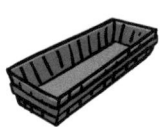

lovys

govatë

bidonas

bidon qumështi

maišas

thes

tvora

gardh

arklidė

ahur

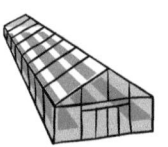

šiltnamis

serë

dirva

dhe

sėkla

farë

trąšos

pleh

kombainas

autokombanjë

rinkti

korr

derlius

te korrat

saldžiosios bulvės

patate e ëmbël "Yam"

kviečiai

grurë

soja

soja

bulvė

patate

kukurūzai

misër

rapsai

raps

vaismedis

pemë frutore

manijokas

zhardhok manioku

grūdai

drithëra

namas
shtëpi

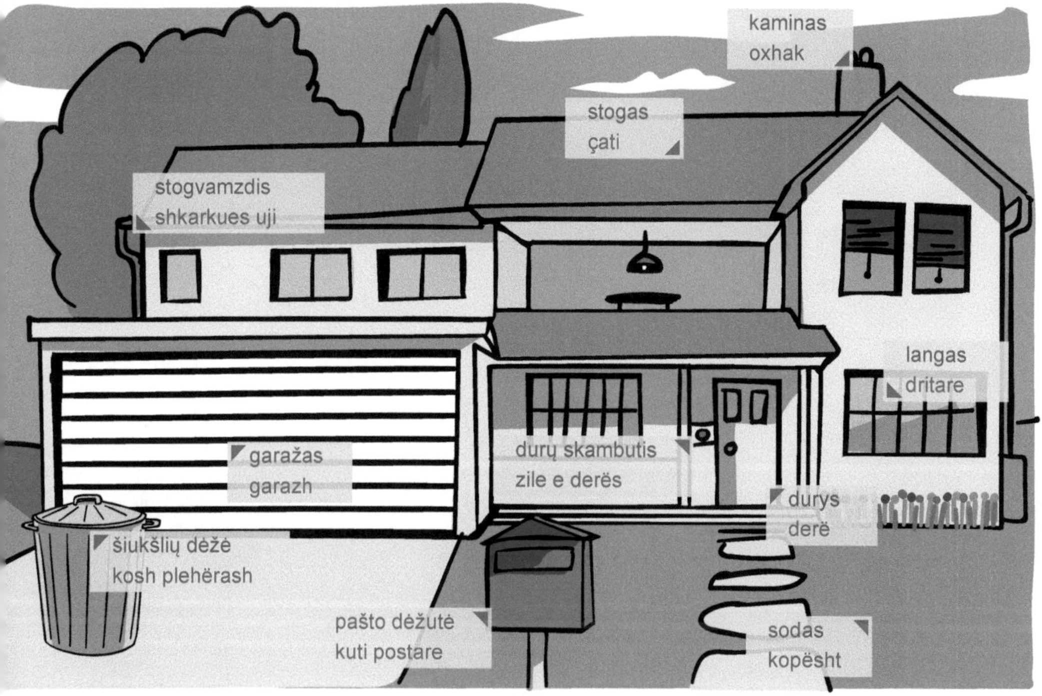

kaminas
oxhak
stogas
çati
stogvamzdis
shkarkues uji
langas
dritare
garažas
garazh
durų skambutis
zile e derës
durys
derë
šiukšlių dėžė
kosh plehërash
pašto dėžutė
kuti postare
sodas
kopësht

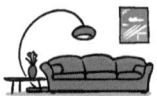

svetainė
dhomë ndenjeje

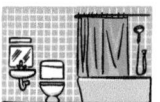

vonios kambarys
tualet

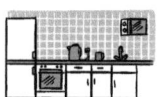

virtuvė
kuzhinë

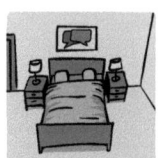

miegamasis
dhomë gjumi

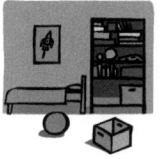

vaiko kambarys
dhomë fëmijësh

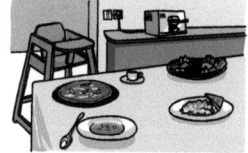

valgomasis
dhomë ngrënieje

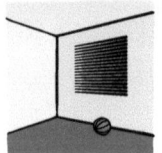

grindys

dysheme

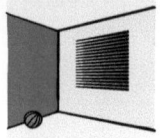

siena

mur

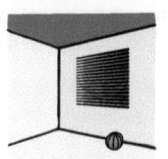

lubos

tavan

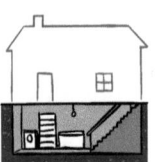

rūsys

bodrum

sauna

sauna

balkonas

ballkon

terasa

tarracë

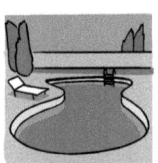

baseinas

pishinë

žoliapjovė

kositëse bari

paklodė

çarçaf

lovatiesė

kuvertë

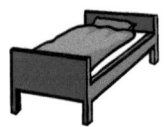

lova

krevat

šluota

fshesë dore

kibiras

kovë

jungiklis

çelës

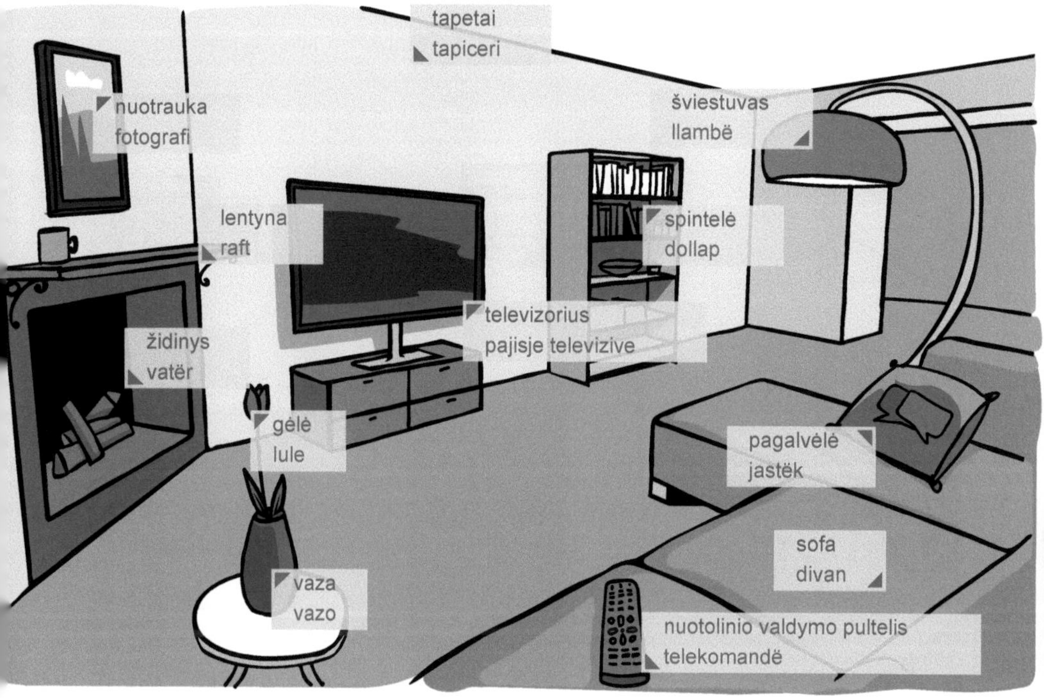

tapetai
tapiceri

nuotrauka
fotografi

šviestuvas
llambë

lentyna
raft

spintelė
dollap

židinys
vatër

televizorius
pajisje televizive

gėlė
lule

pagalvėlė
jastëk

vaza
vazo

sofa
divan

nuotolinio valdymo pultelis
telekomandë

kilimas
....
qilim

užuolaida
....
perde

stalas
....
tavolinë

kėdė
....
karrige

supamasis krėslas
....
karrige lëkundëse

fotelis
....
kolltuk

knyga

libri

antklodė

batanije

papuošimai

zbukurime

malkos

dru zjarri

filmas

film

stereo aparatūra

stereo

raktas

çelës

laikraštis

gazetë

paveikslas

pikturë

plakatas

afishe

radijas

radio

užrašų knygelė

bllok shënimesh

dulkių siurblys

fshesë me korent

kaktusas

kaktus

žvakė

qiri

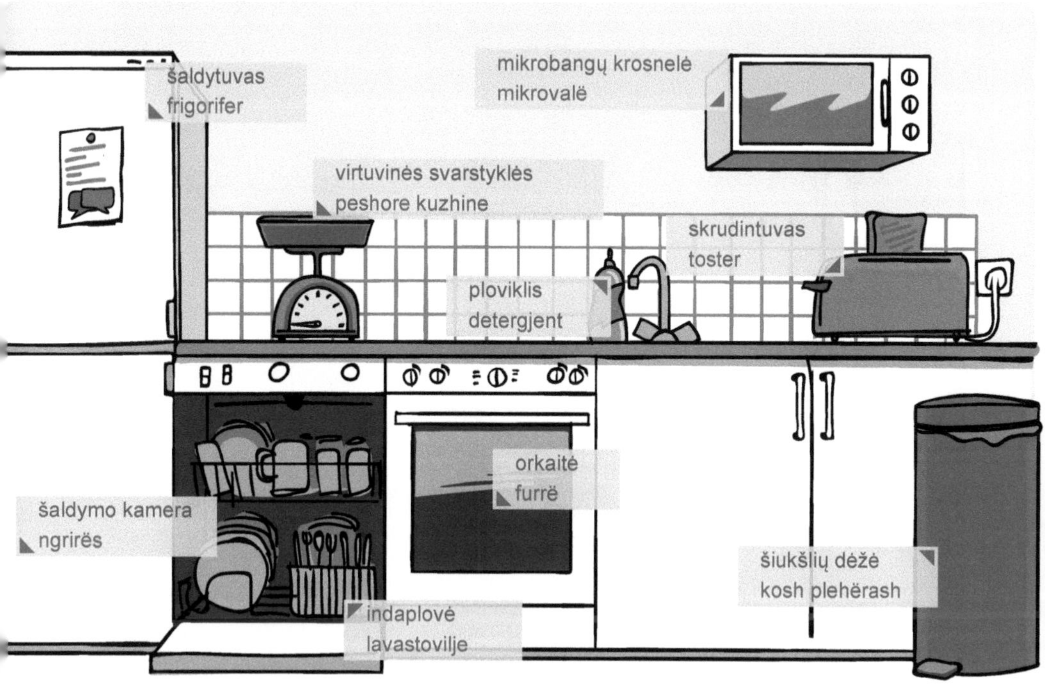

šaldytuvas
frigorifer

mikrobangų krosnelė
mikrovalë

virtuvinės svarstyklės
peshore kuzhine

skrudintuvas
toster

ploviklis
detergjent

orkaitė
furrë

šaldymo kamera
ngrirës

šiukšlių dėžė
kosh plehërash

indaplovė
lavastovilje

viryklė
....
sobë

puodas
....
tenxhere

ketaus puodas
....
tenxhere me kapak

„wok" keptuvė
....
tigan special (Wok)

keptuvė
....
tigan

virdulys
....
çajnik

garų puodas

tenxhere me avull

kepimo skarda

tavë pjekjeje

porceliano indai

enë

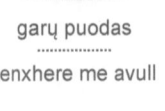

puodelis

filxhan

dubuo

tas

valgomosios lazdelės

shkopinj

samtis

garuzhde

mentelė

spatul

plaktuvas

tel kuzhine

koštuvas

kulluese

sietas

sitë

trintuvė

rende

grūstuvė

havan

kepsninė

skarë

atvira liepsna

zjarr

pjaustymo lentelė

dërrasë për prerje

kočėlas

okllai

kamščiatraukis

heqëse tapash

skardinė

kanaçe

skardinių atidarytuvas

hapëse kanaçeje

puodkėlė

rrobë për të kapur
tenxheren

kriauklė

lavaman

šepetys

furçë

kempinė

sfungjer

trintuvas

përzjerës

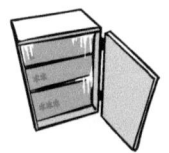

šaldiklis

ngrirës

kūdikių buteliukas

biberon për lëngje

čiaupas

rubinet

vonios kambarys
tualet

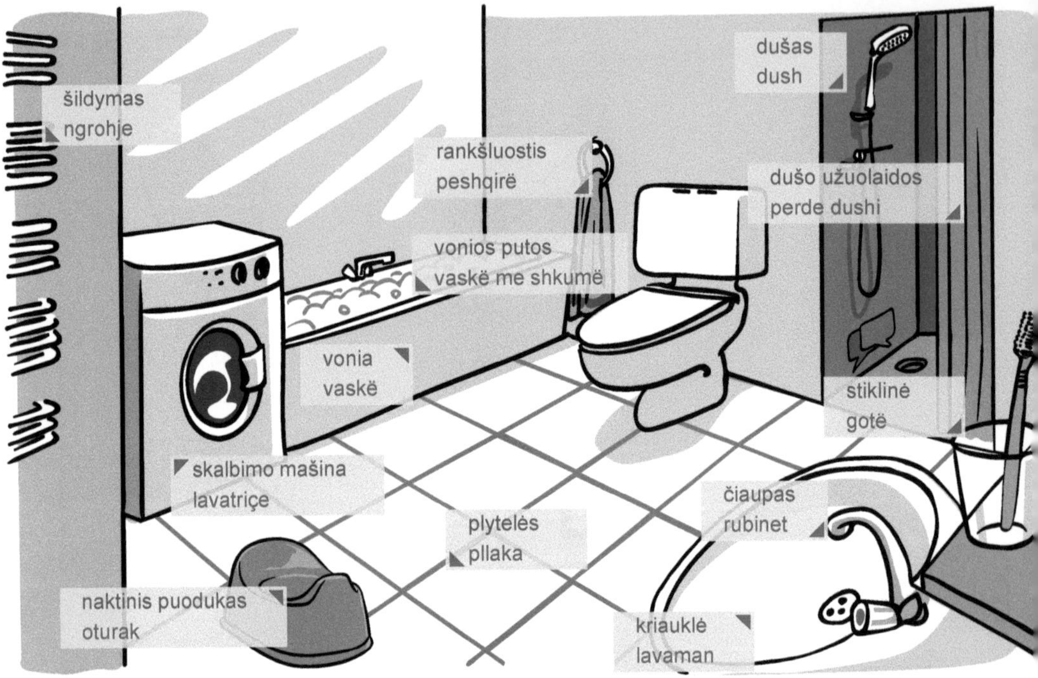

dušas
dush
šildymas
ngrohje
rankšluostis
peshqirë
dušo užuolaidos
perde dushi
vonios putos
vaskë me shkumë
vonia
vaskë
stiklinė
gotë
skalbimo mašina
lavatriçe
čiaupas
rubinet
plytelės
pllaka
naktinis puodukas
oturak
kriauklė
lavaman

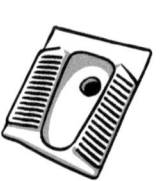

unitazas

tualet

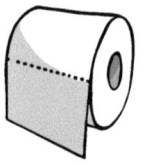

tupimasis unitazas

WC e sheshtë

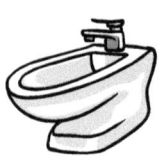

bidė

bide

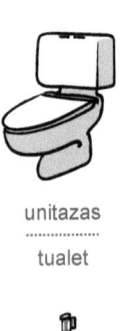

pisuaras

tualet publik

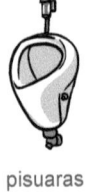

tualetinis popierius

letër higjienike

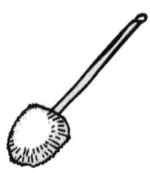

unitazo šepetys

furçe për WC

dantų šepetėlis

furçë dhëmbësh

dantų pasta

pastë dhëmbësh

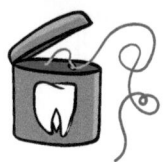

dantų siūlas

fije dentare

plauti

laj

dušo galvutė

dorezë dushi

higieninis dušas

larës për zonën intime

praustuvas

legen

nugaros plaušinė

furçë për masazh shpine

muilas

sapun

dušo želė

shampo trupi

šampūnas

shampo

plaušinė

leckë pastruese

kanalizacija

kullues

kremas

krem

dezodorantas

antidjersë

veidrodis

pasqyrë

veidrodėlis

pasqyrë dore

skustuvas

brisk rroje

skutimosi putos

shkumë rroje

losjonas po skutimosi

locion pas rrojes

šukos

krehër

šepetys

furçë

plaukų džiovintuvas

tharëse flokësh

plaukų lakas

llak për flokët

makiažas

grim

lūpdažis

buzëkuq

nagų lakas

manikyr

vata

mbushje pambuku

žirklutės nagams

gërshërë për thonj

kvepalai

parfum

maišelis skalbiniams

çantë për sendet personale

taburetė

Stol

svarstyklės

peshore

chalatas

robëdëshambër

guminės pirštinės

dorashka gome

tamponas

tampon

higieninis įklotas

peceta higjienike

biotualetas

tualet I lëvizshëm

vaiko kambarys

dhomë fëmijësh

žadintuvas
orë me zile
pliušinis žaislas
lodra me pellushë
žaislinė mašinėlė
makinë lodër
barškutis
rraketake
lėlės namelis
shtëpi kukullash
dovana
dhuratë

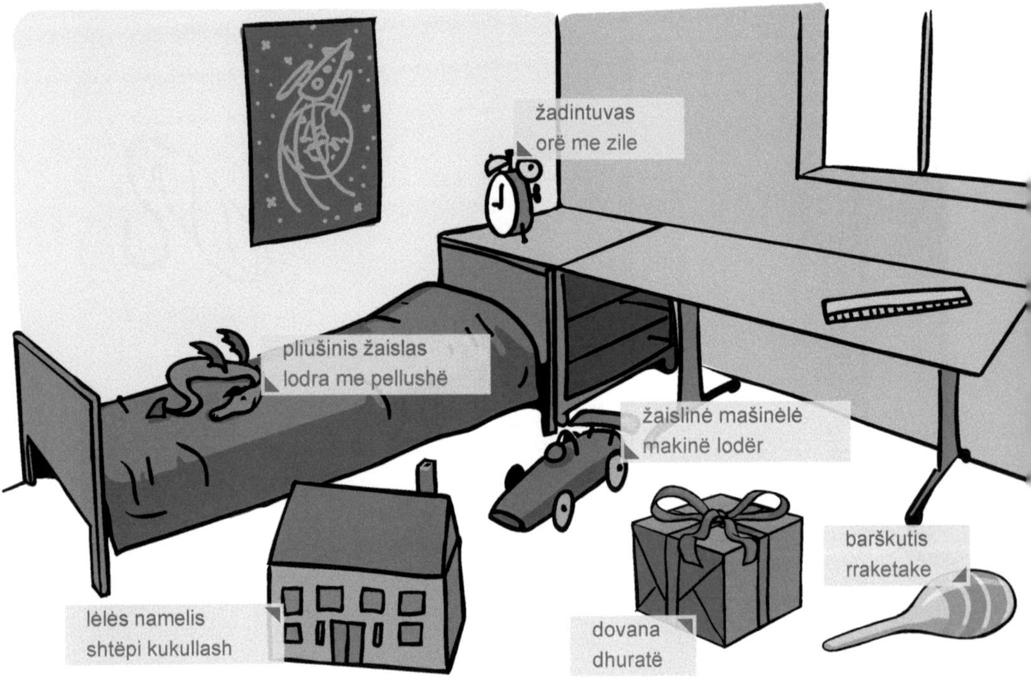

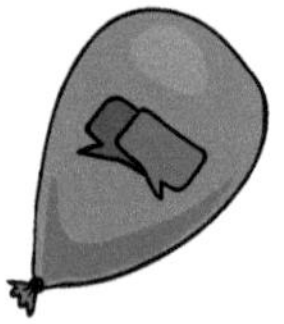

balionas

tollumbace

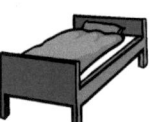

lova

krevat

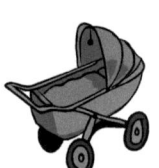

vaikiškas vežimėlis

karrocë fëmijësh

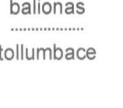

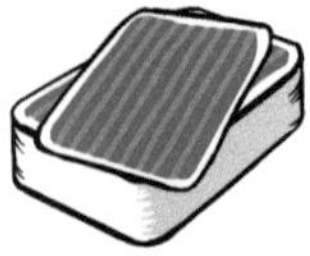

kortų malka

lojë me letra

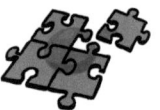

delionė

bashkim pjesësh me figura

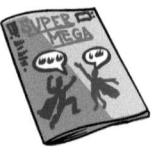

komiksai

komik

lego kaladėlės

formuese lodër

žaislinės kaladėlės

kuba plastikë

figūrėlė

lodra

šliaužtinukai

badi

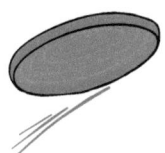

mėtymo lėkštė

frizbi

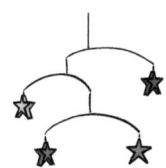

karuselė

lodra të varura tek krevati i fëmijëve

stalo žaidimas

tavolinë lojërash

kauliukai

zare

žaislinis traukinys

model treni

žindukas

biberon

vakarėlis

festë

paveiksliukų knygelė

libër me ilustrime

kamuolys

top

lėlė

kukull

žaisti

luaj

smėlio dėžė

grumbull rëre

sūpynės

kolovarëse

žaislai

lodra

žaidimų konsolė

leva për lojra video

triratukas

triçikël

meškiukas

arush prej pellushi

drabužių spinta

garderobë

drabužis

veshje

kojinės

çorape

kojinės virš kelių

çorape të gjata

pėdkelnės

geta

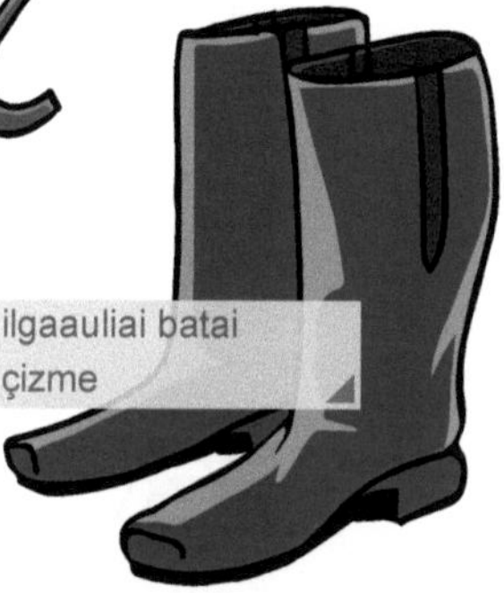

šalikas
shall

diržas
rrip

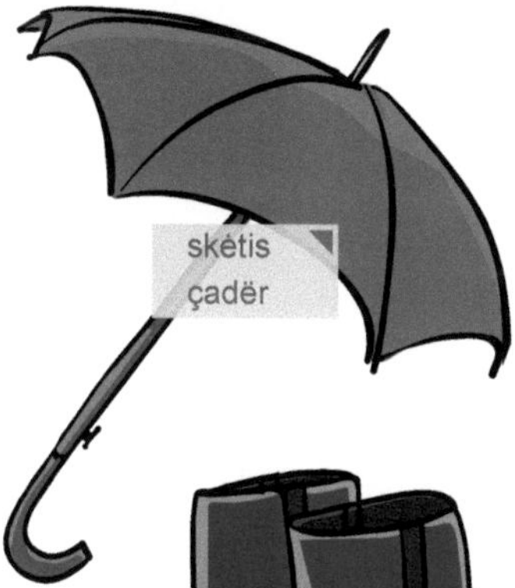

skėtis
çadër

marškinėliai
bluzë pa jakë

ilgaauliai batai
çizme

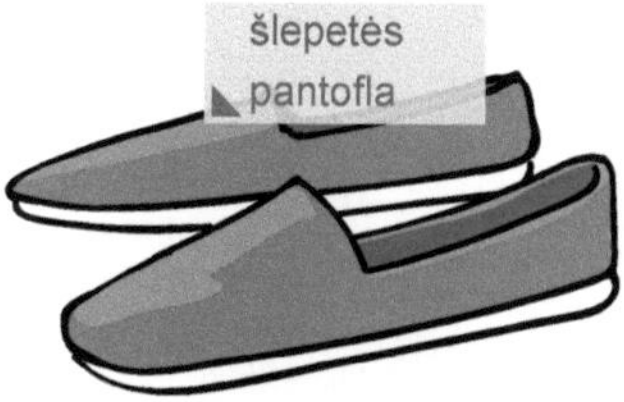

šlepetės
pantofla

sportbačiai
atlete

sandalai
sandale

batai
këpucë

guminiai batai
çizme llastiku

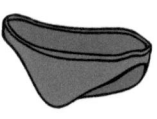

trumpikės
të mbathura

liemenėlė
reçipeta

liemenė
kanotierë

glaustinukė

trup

kelnės

pantallona

džinsai

xhinse

sijonas

fund

palaidinė

bluzë

marškiniai

këmishë

megztinis

pulovër

megztinis su gobtuvu

triko

švarkelis

xhaketë

švarkas

xhaketë

paltas

pallto

lietpaltis

mushama shiu

kostiumas

kostum

suknelė

fustan

vestuvinė suknelė

fustan nusërie

kostiumas

kostum

naktiniai marškiniai

këmishë nate

pižama

pizhama

saris

sari (veshje tradicionale
indiane)

skarelė

shami koke

tiurbanas

çallmë

burka

veshje për femrat e besimit
musliman

kaftanas

kaftan (lloj veshjeje
tradicionale)

abaja

ferexhe

maudymosi kostiumėlis

kostum banje

glaudės

rroba banje

šortai

pantallona të shkurtra

sportinis kostiumas

tuta sporti

prijuostė

përparëse

pirštinės

dorashka

saga

kopsë

akiniai

syze

apyrankė

byzylyk

vėrinys

gjerdan

žiedas

unazë

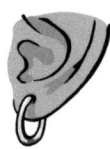

auskaras

vath

kepurė

kapuç

pakabas

varëse për pallto

skrybėlė

kapele

kaklaraištis

kravatë

užtrauktukas

zinxhir

šalmas

helmetë

breketai

tiranda

mokyklinė uniforma

uniformë shkolle

uniforma

uniformë

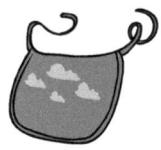

seilinukas

gushore

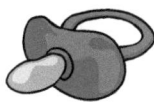

žindukas

biberon

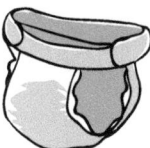

vystyklai

pelenë

biuras

zyrë

serveris
server
dokumentų spinta
skedar
spausdintuvas
printer
popierius
letër
vaizduoklis
ekran
rašomasis stalas
tavolinë
pelė
maus
aplankas
dosje
klaviatūra
tastierë
šiukšliadėžė
kosh letrash
kompiuteris
kompjuter
kėdė
karrige

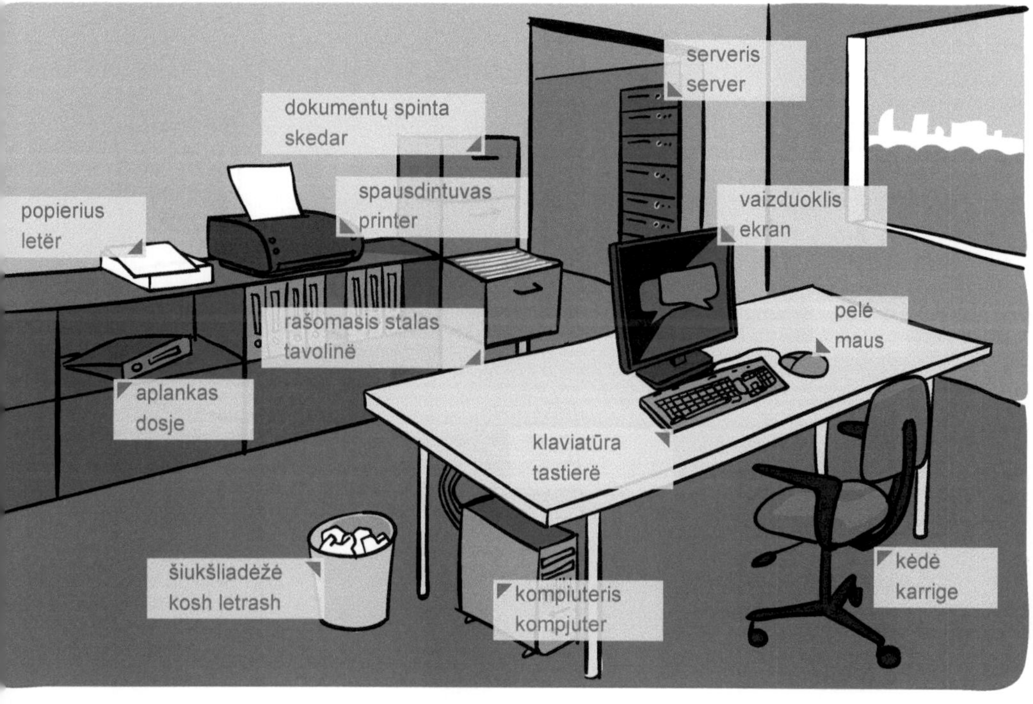

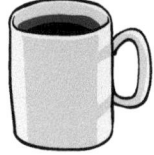

kavos puodelis

filxhan kafeje

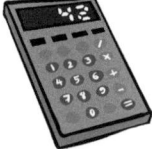

kalkuliatorius

makinë llogaritëse

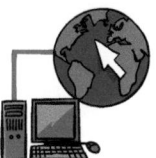

internetas

internet

nešiojamasis kompiuteris

kompjuter portativ

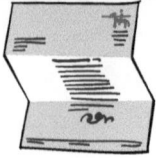

laiškas

letër

žinutė

mesazh

mobilusis telefonas

telefon

tinklas

rrjet

fotokopijavimo aparatas

fotokopje

programinė įranga

program

telefonas

telefon

kištukinis lizdas

prizë

faksas

pajisje faksi

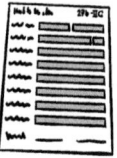

forma

formular

dokumentas

dokument

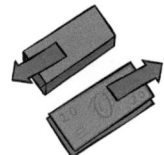

pirkti

blej

mokėti

paguaj

prekiauti

tregtoj

pinigai

para

doleris

dollar

euras

euro

jena

jen

rublis

rubla

Šveicarijos frankas

franga zvicerane

juanis

juani kinez

rupija

rupje

bankomatas

bankomat

valiutos keitykla

pikë këmbimi valutor

auksas

ar

sidabras

argjend

nafta

nafta

energija

energji

kaina

çmim

sutartis

kontratë

mokestis

taksë

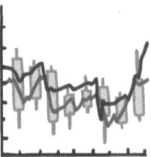

akcijos

aksione

dirbti

punoj

darbuotojas

punonjës

darbdavys

punëdhënës

gamykla

fabrikë

parduotuvė

dyqan

policininkas
oficer policie

ugniagesys
zjarrfikës

virėjas
kuzhinier

gydytojas
mjek

lakūnas
pilot

sodininkas

kopshtar

stalius

marangoz

siuvėja

rrobaqepëse

teisėjas

gjykatës

chemikas

kimist

aktorius

aktor

autobuso vairuotojas

shofer autobuzi

taksi vairuotojas

taksist

žvejys

peshkatar

valytoja

pastruese

stogdengys

riparues çatish

padavėjas

kamarier

medžiotojas

gjuetar

dailininkas

piktor

kepėjas

furrxhi

elektrikas

elektriçist

statybininkas

ndërtues

inžinierius

inxhinier

mėsininkas

kasap

santechnikas

hidraulik

paštininkas

postieri

kareivis
ushtar

architektas
arkitekt

kasininkas
arkëtar

gėlininkas
luleshitës

kirpėjas
berber

konduktorius
kontrollor

mechanikas
mekanik

kapitonas
kapiten

odontologas
dentist

mokslininkas
shkencëtar

rabinas
rabin

imamas
imam

vienuolis
murg

kunigas
klerik

įrankiai
mjete

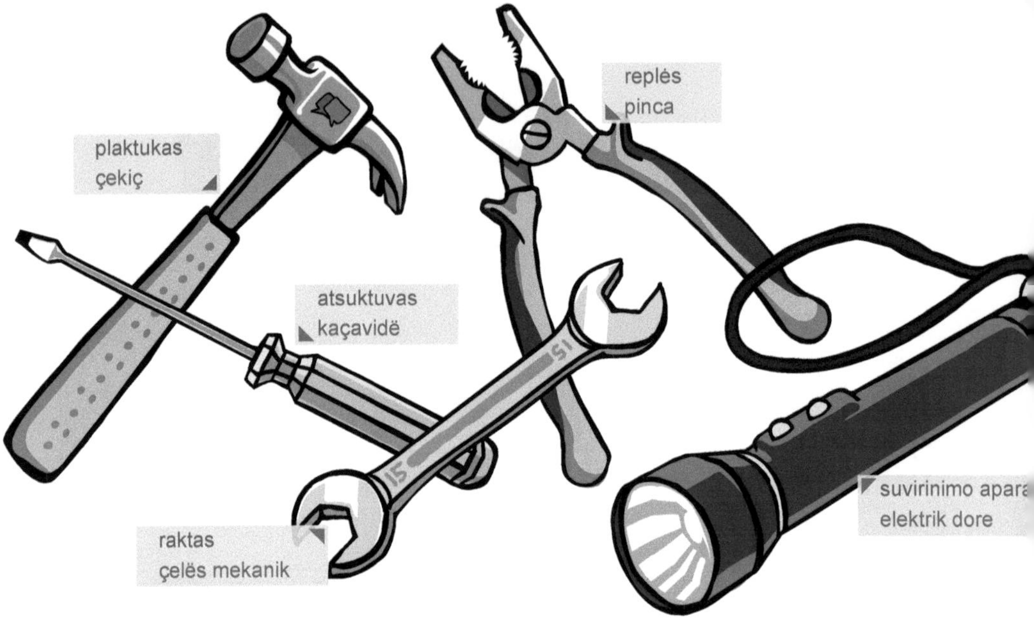

replės
pinca
plaktukas
çekiç
atsuktuvas
kaçavidë
suvirinimo apara
elektrik dore
raktas
çelës mekanik

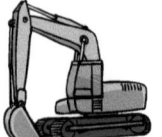

ekskavatorius

ekskavator

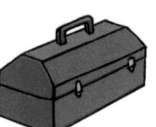

įrankių dėžė

kuti veglash

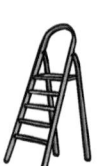

kopėčios

shkallë

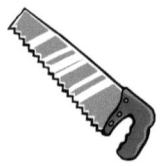

pjūklas

sharrë

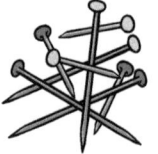

vinys

gozhdë

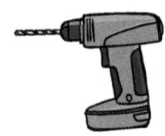

grąžtas

trapan

taisyti
riparoj

kastuvas
lopatë

Velniava!
Dreq!

semtuvėlis
kaci

dažų skardinė
kuti boje

varžtai
vidhë

muzikos instrumentai
instrumenta muzikorë

garsiakalbis
altoparlant

būgnų rinkinys
bateri

gitara
kitare

kontrabosas
kontrabas

trimitas
trompë

pianinas

piano

smuikas

violinë

bosinë gitara

bas

timpanas

tamburë

būgnai

daulle

sintezatorius

tastierë pianoje

saksofonas

saksofon

fleita

flaut

mikrofonas

mikrofon

zoologijos sodas
kopsht zoologjik

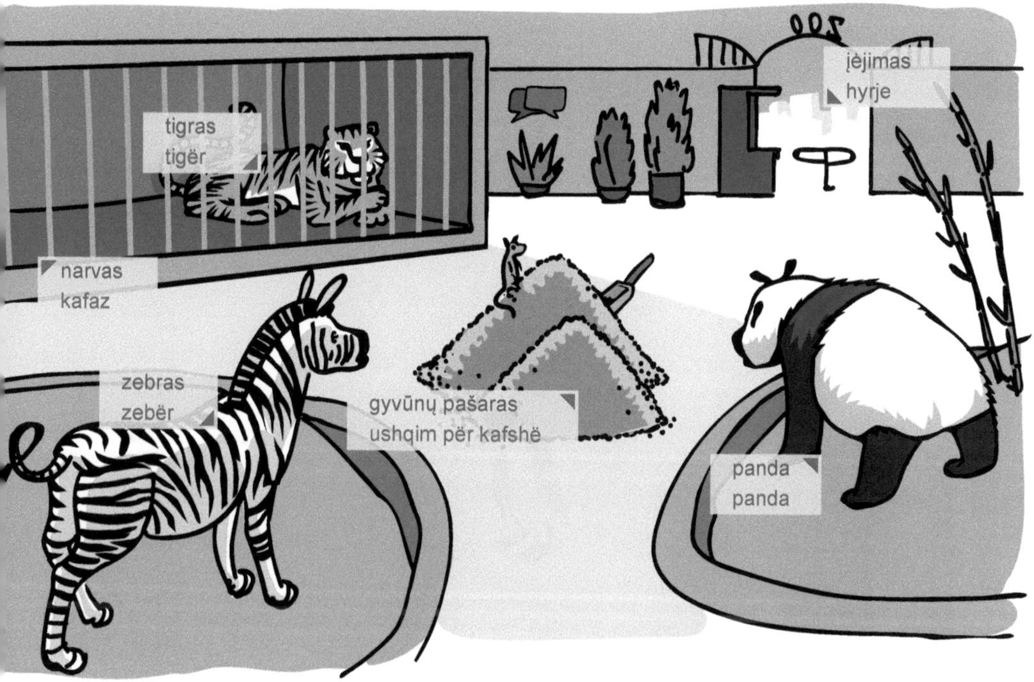
įėjimas
hyrje
tigras
tigër
narvas
kafaz
zebras
zebër
gyvūnų pašaras
ushqim për kafshë
panda
panda

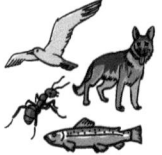

gyvūnai

kafshë

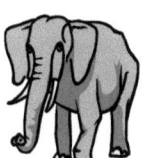

dramblys

elefant

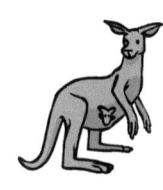

kengūra

kangur

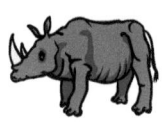

raganosis

rinoceront

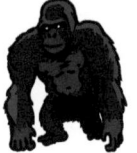

gorila

gorillë

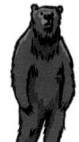

meška

ari

kupranugaris

deve

strutis

struc

liūtas

luan

beždžionė

majmun

flamingas

flamingo

papūga

papagall

baltoji meška

ari polar

pingvinas

pinguin

ryklys

peshkaqen

povas

pallua

gyvatė

gjarpër

krokodilas

krokodil

zoologijos sodo prižiūrėtojas

punonjës i kopshtit zoollogjik

ruonis

fokë

jaguaras

xhaguar

ponis

poni

leopardas

leopard

begemotas

hipopotam

žirafa

gjirafë

erelis

shqiponjë

šernas

derr i egër

žuvis

peshk

vėžlys

breshkë

vėplys

lopë deti

lapė

dhelpër

gazelė

gazelë

amerikietiškas futbolas
futboll amerikan

dviračių sportas
çiklizëm

tenisas
tenis

krepšinis
basketboll

plaukimas
not

boksas
boks

ledo ritulys
hokej mbi akull

futbolas
futboll

badmintonas
badminton

atletika
atletikë

rankinis
hendboll

slidinėjimas
ski

polas
polo

užsiėmimai
aktivitet

juoktis
qesh
šokinėti
hidhem
apkabinti
përqafoj
vaikščioti
eci
dainuoti
këndoj
svajoti
ëndërroj
melstis
lutem
bučiuoti
puth

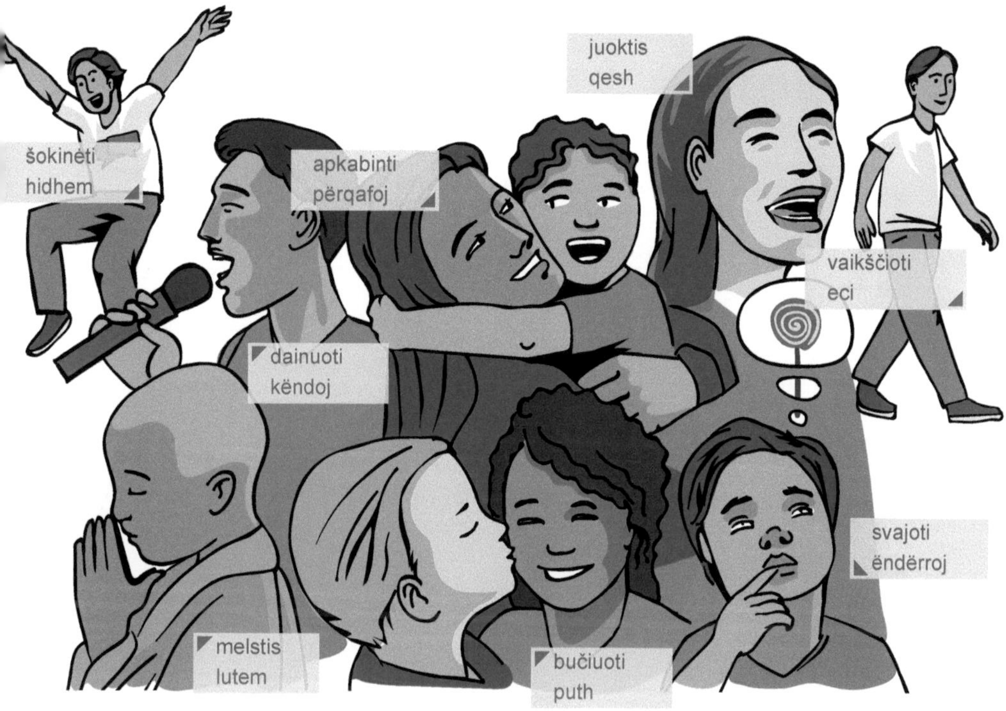

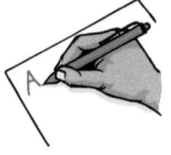

rašyti
shkruaj

piešti
vizatoj

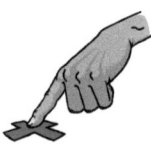

rodyti
tregoj

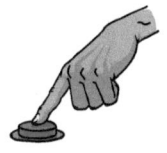

stumti
shtyj

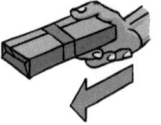

duoti
jap

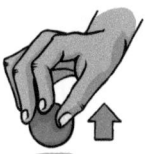

imti
marr

turėti
kam

daryti
bëj

būti
jam

stovėti
qëndroj

bėgti
vrapoj

traukti
tërheq

mesti
hedh

kristi
bie

meluoti
shtrihem

laukti
pres

nešti
mbaj

sėdėti
ulem

rengtis
vishem

miegoti
fle

pabusti
zgjohem

žiūrėti
....
shikoj

verkti
....
qaj

glostyti
....
përkëdhel

šukuoti
....
kreh

kalbėti
....
bisedoj

suprasti
....
kuptoj

paklausti
....
kërkoj

klausytis
....
dëgjoj

gerti
....
pi

valgyti
....
ha

tvarkytis
....
sistemoj

mylėti
....
dashuroj

gaminti
....
gatuaj

vairuoti
....
drejtoj makinën

skristi
....
fluturoj

buriuoti

lundroj

skaičiuoti

llogaris

skaityti

lexoj

mokytis

mësoj

dirbti

punoj

vesti

martohem

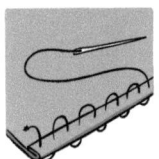

siūti

qep

valytis dantis

laj dhëmbët

žudyti

vras

rūkyti

tymos

siųsti

dërgoj

šeima
familje

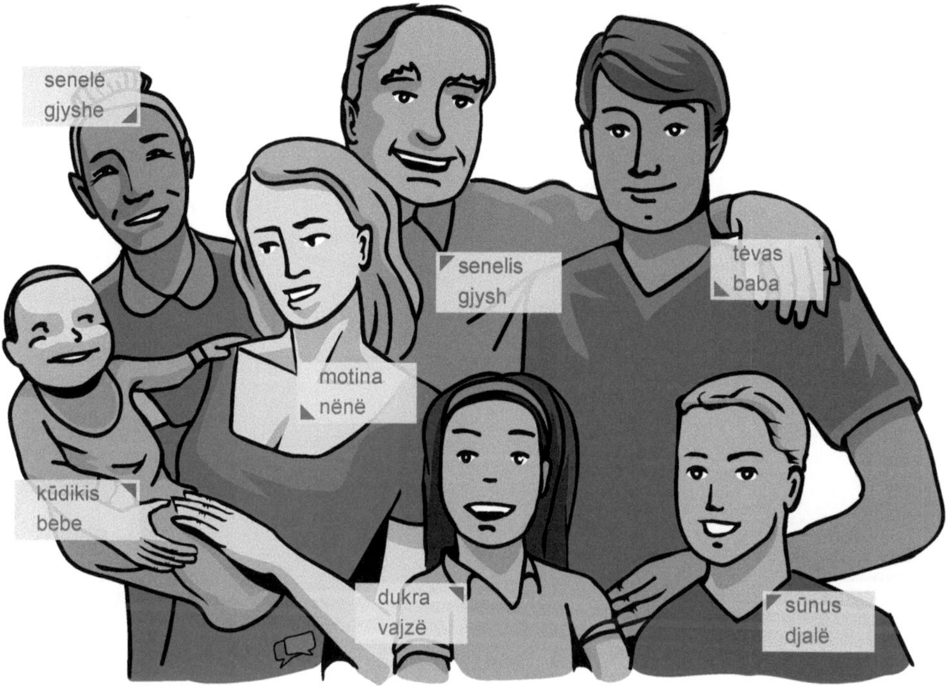

senelė
gjyshe
senelis
gjysh
tėvas
baba
motina
nënë
kūdikis
bebe
dukra
vajzë
sūnus
djalë

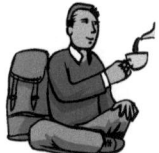

svečias

mysafir

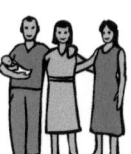

teta

teze, hallë

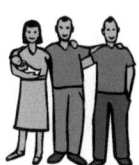

dėdė

dajë, xhaxha

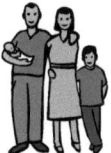

brolis

vëlla

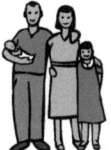

sesuo

motër

kūnas

trupi

kakta
balli
akis
syri
petys
shpatulla
pirštas
gishti
veidas
fytyra
smakras
mjekra
plaštaka
dora
koja
këmba
krūtinė
krahërori
ranka
krahu

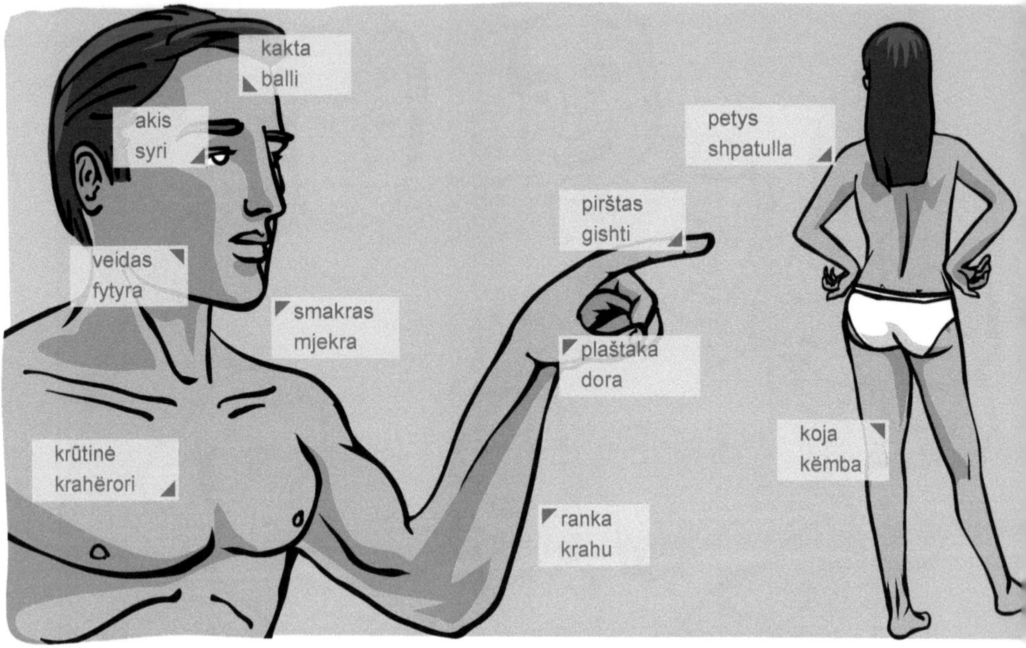

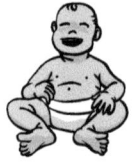

kūdikis

bebe

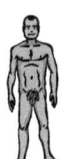

vyras

burrë

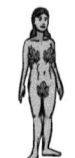

moteris

grua

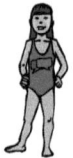

mergaitė

vajzë

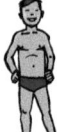

berniukas

djalë

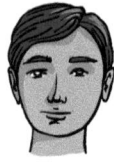

galva

koka

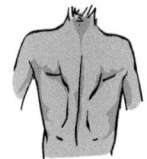

nugara

shpina

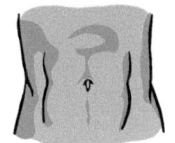

pilvas

barku

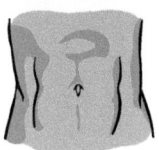

bamba

kërthiza

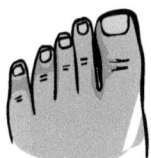

kojos pirštas

gisht këmbe

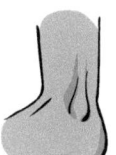

kulnas

Thembra

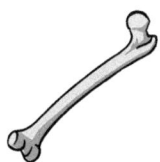

kaulas

kockë

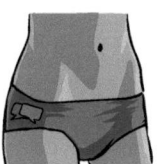

klubas

legeni

kelis

gjuri

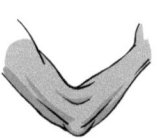

alkūnė

bërryli

nosis

hunda

sėdmenys

vithe

oda

lëkura

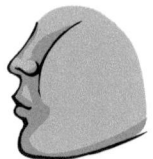

skruostas

faqja

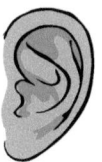

ausis

veshi

lūpa

buza

burna
goja

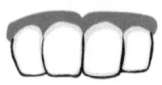

dantis
dhëmbët

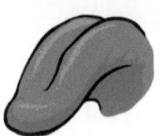

liežuvis
gjuha

smegenys
truri

širdis
zemra

raumuo
muskul

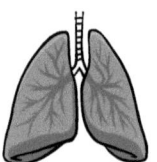

plaučiai
mushkëria

kepenys
mëlçia

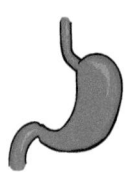

skrandis
stomaku

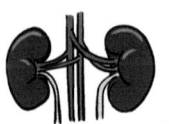

inkstai
veshka

seksas
seks

prezervatyvas
prezervativ

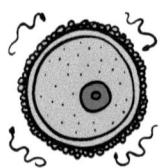

kiaušialąstė
veza

sperma
sperma

nėštumas
shtatëzani

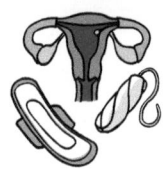

menstruacijos
menstruacione

makštis
vagina

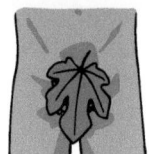

varpa
penis

antakis
vetulla

plaukai
flokët

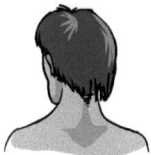

kaklas
qafa

ligoninė

spital

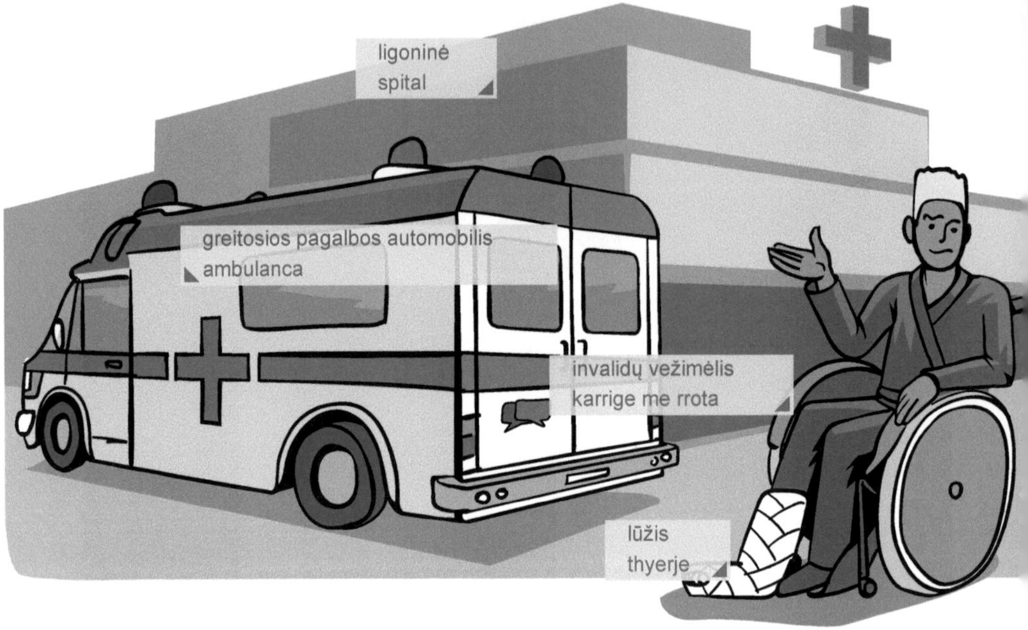

ligoninė
spital
greitosios pagalbos automobilis
ambulanca
invalidų vežimėlis
karrige me rrota
lūžis
thyerje

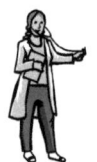

gydytojas

mjek

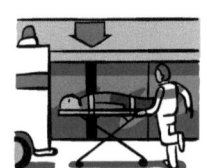

skubios pagalbos skyrius

sallë urgjencash

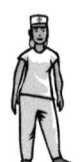

slaugytoja

infermiere

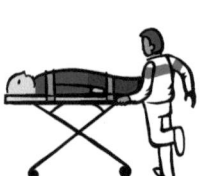

nelaimingas atsitikimas

emergjencë

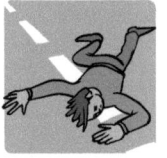

be sąmonės

i pandërgjegjshëm

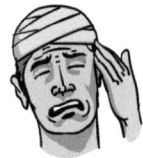

skausmas

dhimbje

sužalojimas

dëmtim

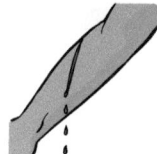

kraujavimas

gjakosje

širdies smūgis

infarkt

insultas

goditje

alergija

alergji

kosulys

kolla

karščiavimas

ethe

gripas

grip

viduriavimas

diarre

galvos skausmas

dhimbje koke

vėžys

kancer

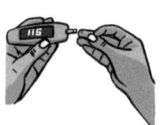

diabetas

diabet

chirurgas

kirurg

skalpelis

bisturi

operacija

operacion

KT
CT (skaner)

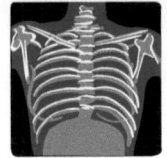

rentgenas
radiografi

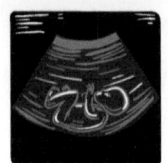

ultragarsas
ultratingull

veido kaukė
maskë fytyre

liga
sëmundje

laukiamasis
dhomë pritjeje

ramentas
paterica

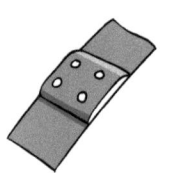

gipsas
leukoplast

tvarstis
fasho

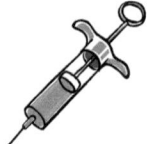

injekcija
injeksion

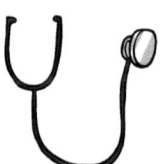

stetoskopas
stetoskop

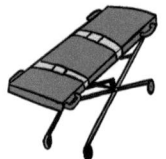

neštuvai
barelë

termometras
termometër

gimimas
lindje

antsvoris
mbipeshë

klausos aparatas

aparat dëgjimi

dezinfekavimo priemonė

dezinfektant

infekcija

infeksion

virusas

virus

ŽIV / AIDS

HIV / AIDS

vaistas

mjekësi, mjekim

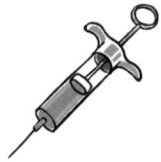

skiepijimas

vaksinim

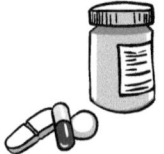

tabletės

tableta

piliulė

pilulë

skubios pagalbos numeris

telefonatë emergjence

kraujospūdžio matuoklis

aparat tensioni

ligotas / sveikas

i sëmurë / i shëndetshëm

Padėkite!

Ndihmë!

pavojaus signalas

alarm

užpuolimas

sulm

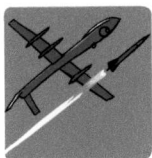

ataka

atak

pavojus

rrezik

avarinis išėjimas

dalje emergjence

Gaisras!

Zjarr!

gesintuvas

fikëse zjarri

nelaimingas atsitikimas

aksident

pirmosios pagalbos rinkinys

kuti e ndimës së shpejtë

SOS

SOS

policija

policia

Europa

Europa

Šiaurės Amerika

Amerika e Veriut

Pietų Amerika

Amerika e Jugut

Afrika

Afrika

Azija

Azia

Australija

Australia

Atlanto vandenynas

Atlantiku

Ramusis vandenynas

Paqësori

Indijos vandenynas

Oqeani Indian

Pietų vandenynas

Oqeani Antarktik

Arkties vandenynas

Oqeani Arktik

Šiaurės ašigalis

Poli i veriut

Pietų ašigalis

Poli i Jugut

Antarktida

Antarktida

Žemė

toka

sausuma

tokë

jūra

det

sala

ishull

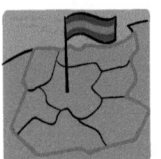

tauta

komb

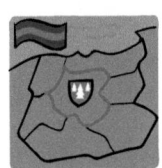

valstybė

shtet

ciferblatas

fusha e orës

valandinė rodyklė

akrepi i orës

minutinė rodyklė

akrepi i minutave

sekundinė rodyklė

akrepi i sekondave

Kiek valandų?

Sa është ora?

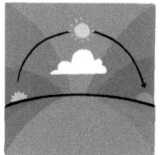

diena

ditë

laikas

kohë

dabar

tani

skaitmeninis laikrodis

orë dixhitale

minutė

minutë

valanda

orë

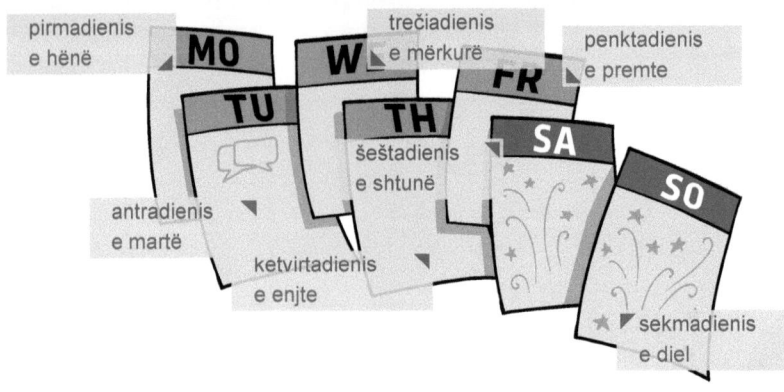

pirmadienis
e hënë

trečiadienis
e mërkurë

penktadienis
e premte

šeštadienis
e shtunë

antradienis
e martë

ketvirtadienis
e enjte

sekmadienis
e diel

vakar

dje

šiandien

sot

rytoj

nesër

rytas

mëngjes

vidurdienis

mesditë

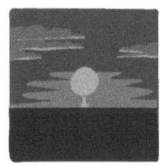

vakaras

mbrëmje

MO	TU	WE	TH	FR	SA	SU
1	2	3	4	5	6	7
8	9	10	11	12	13	14
15	16	17	18	19	20	21
22	23	24	25	26	27	28
29	30	31	1	2	3	4

darbo dienos

ditë pune

MO	TU	WE	TH	FR	SA	SU
1	2	3	4	5	6	7
8	9	10	11	12	13	14
15	16	17	18	19	20	21
22	23	24	25	26	27	28
29	30	31	1	2	3	4

savaitgalis

fundjavë

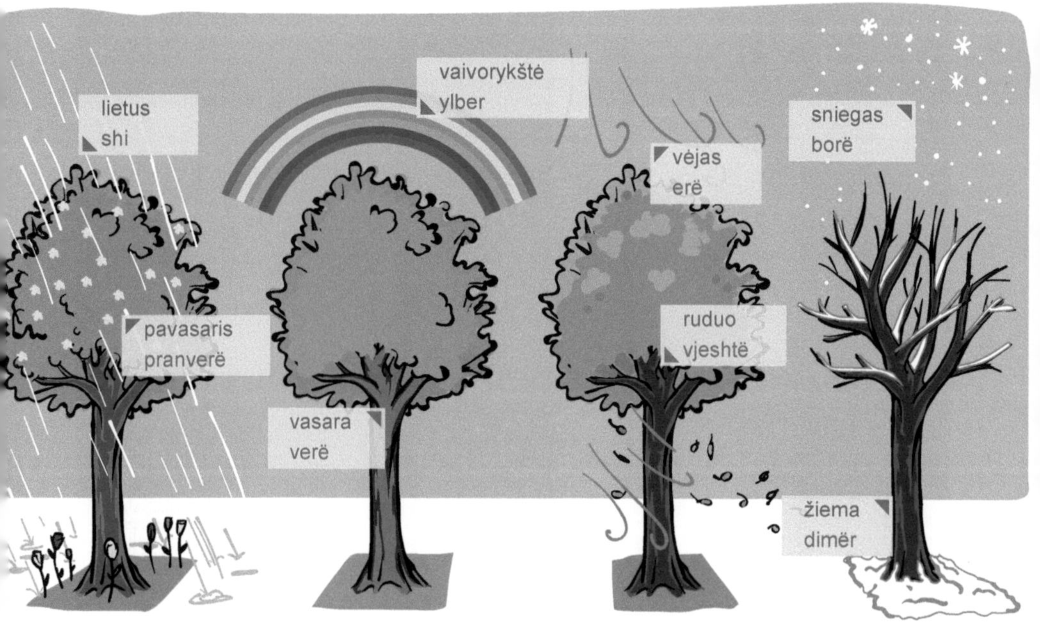

lietus
shi
vaivorykštė
ylber
vėjas
erë
sniegas
borë
pavasaris
pranverë
vasara
verë
ruduo
vjeshtë
žiema
dimër

4.APRIL 11°
5.APRIL 4°
6.APRIL 13°
7.APRIL 8°
8.APRIL 10°

orų prognozė

parashikimi i motit

F C
120 90 60 30 0 -30
40 30 20 10 0 -10 -20

lauko termometras

termometër

saulės šviesa

ndriçim dielli

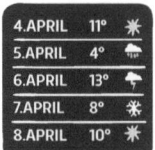

debesis

re

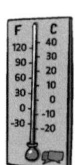

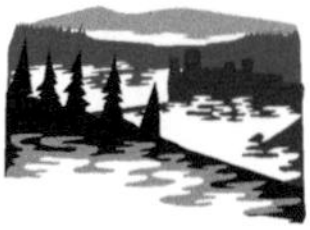

rūkas

mjegull

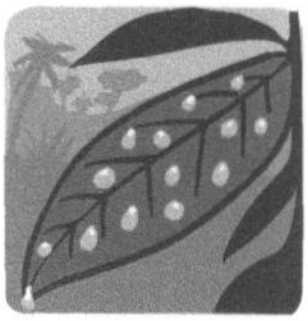

drėgmė

lagështi

žaibas

vetëtima

griaustinis

gjëmim

audra

stuhi

kruša

breshër

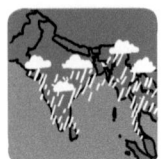

musonas

muson

potvynis

përmbytje

ledas

akull

sausis

janar

vasaris

shkurt

kovas

mars

balandis

prill

gegužė

maj

birželis

qershor

liepa

korrik

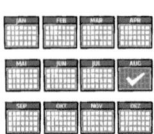

rugpjūtis

gusht

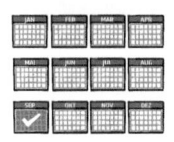

rugsėjis

shtator

spalis

tetor

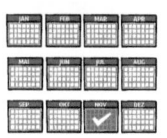

lapkritis

nëntor

gruodis

dhjetor

formos
forma

apskritimas

rreth

kvadratas

katror

stačiakampis

drejtkëndësh

trikampis

trekëndësh

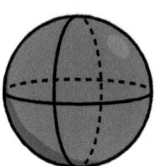

sfera

sferë

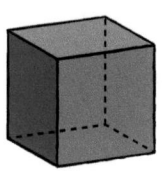

kubas

kub

balta

e bardhë

geltona

e verdhë

oranžinė

portokalli

rožinė

rozë

raudona

e kuqe

violetinė

vjollcë

mėlyna

blu

žalia

e gjelbër

ruda

kafe

pilka

gri

juoda

e zezë

daug / mažai

shumë / pak

piktas / ramus

i nevrikosur / i qetë

gražus / bjaurus

i bukur / i shëmtuar

pradžia / pabaiga

fillim / fund

didelis / mažas

i madh / i vogël

šviesus / tamsus

i ndritshëm / i errët

brolis / sesuo

vëlla / motër

švarus / purvinas

e pastër / e pistë

užbaigtas / neužbaigtas

e plotë / jo e plotë

diena / naktis

ditë / natë

miręs / gyvas

gjallë / vdekur

platus / siauras

i gjerë / i ngushtë

valgomas / nevalgomas

i ngrënshëm / i pangrënshëm

piktas / malonus

i keq / i këndshëm

linksmas / nuobodus

i lumtur / i mërzitur

storas / plonas

i shëndoshë / i dobët

pirmiausia / paskiausia

e para / e fundit

draugas / priešas

mik / armik

pilnas / tuščias

plot / bosh

kietas / minkštas

e fortë / e butë

sunkus / lengvas

e rëndë / e lehtë

alkis / troškulys

uri / etje

ligotas / sveikas

i sëmurë / i shëndetshëm

nelegalus / legalus

e paligjshme / e ligjshme

protingas / kvailas

i zgjuar / budalla

kairė / dešinė

majtas / djathtas

arti / toli

afër / larg

naujas / naudotas

e re / e përdorur

niekas / kažkas

asgjë / diçka

senas / jaunas

i moshuar / i ri

jjungta / išjungta

ndezur / fikur

atidaryta / uždaryta

hapur / mbyllur

tylus / garsus

i qetë / i zhurmshëm

turtingas / vargšas

i pasur / i varfër

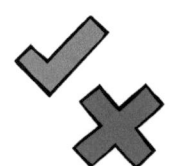

teisus / neteisus

e drejtë / e gabuar

šiurkštus / švelnus

i ashpër / i butë

liūdnas / laimingas

i mërzitur / i lumtur

trumpas / ilgas

i shkurtër / i gjatë

lėtas / greitas

ngadalë / shpejt

drėgnas / sausas

i lagësht / i thatë

šiltas / šaltas

ngrohtë / freskët

karas / taika

luftë / paqe

0

nulis

zero

1

vienas

një

2

du

dy

3

trys

tre

4

keturi

katër

5

penki

pesë

6

šeši

gjashtë

7

septyni

shtatë

8

aštuoni

tetë

9

devyni

nentë

10

dešimt

dhjetë

11

vienuolika

njëmbëdhjetë

12
dvylika
dymbëdhjetë

13
trylika
trembëdhjetë

14
keturiolika
katërmbëdhjetë

15
penkiolika
pesëmbëdhjetë

16
šešiolika
gjashtëmbëdhjetë

17
septyniolika
shtatëmbëdhjetë

18
aštuoniolika
tetëmbëdhjetë

19
devyniolika
nentëmbëdhjetë

20
dvidešimt
njëzetë

100
šimtas
qind

1.000
tūkstantis
mijë

1.000.000
milijonas
milion

anglų
anglisht

amerikiečių anglų
anglishte amerikane

kinų (mandarinų)
kinezisht mandarin

hindi
hindi

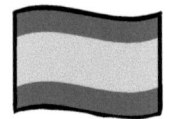

ispanų
spanjisht

prancūzų
frëngjisht

arabų
arabisht

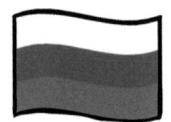

rusų
rusisht

portugalų
portugalisht

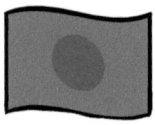

bengalų
bengalisht

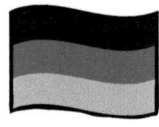

vokiečių
gjermanisht

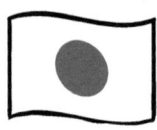

japonų
japonisht

aš
....
unë

tu
....
ti

jis / ji
....
ai / ajo

mes
....
ne

jūs
....
ju

jie
....
ata

kas?
....
kush?

ką?
....
çfarë?

kaip?
....
si?

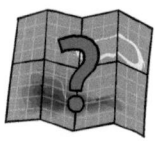

kur?
....
ku?

kada?
....
kur?

vardas
....
emër

už

pas

kur (vieta)

në

priešais

përballë

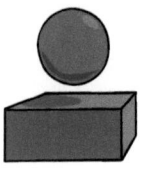

virš

sipër

ant

mbi

po

poshtë

prie

pranë

tarp

midis

vieta

vend